EMG3-0106　J-POP
合唱楽譜<J-POP>

合唱で歌いたい！J-POPコーラスピース

混声3部合唱

ありがとう
（いきものがかり）

作詞・作曲：水野良樹　　合唱編曲：小林真人

演奏のポイント

♪ソプラノパートは上にハモるとき、明るめに歌うと綺麗にハーモニーがつくれます。

♪アルトパートは低い音域は力みがちになってしまいます。常に力を抜く意識を忘れずに。

♪男声パートは比較的歌いやすい音域で書かれています。しっかり歌って女声を支えてあげましょう。

♪低音から高音への跳躍は、上の音ばかりが目立ちます。低い音もしっかり支えてあげましょう。

♪「つたえたくて」の『つ』の発音と、「みつめるけど」の『つ』の発音の違いをよく研究してみましょう。

♪特に短い音符は、歌詞がハッキリ聞こえるように、子音を意識して歌うようにしましょう。

【この楽譜は、旧商品『ありがとう〔混声3部合唱〕』（品番：EME-C0025）とアレンジ内容に変更はありません。】

合唱で歌いたい！J-POPコーラス

ありがとう

作詞・作曲：水野良樹　合唱編曲：小林真人

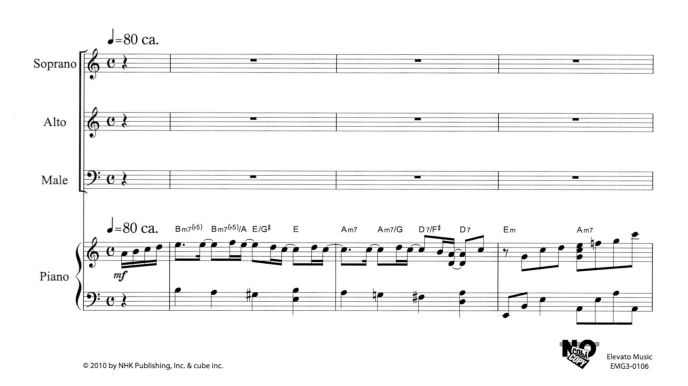

© 2010 by NHK Publishing, Inc. & cube inc.

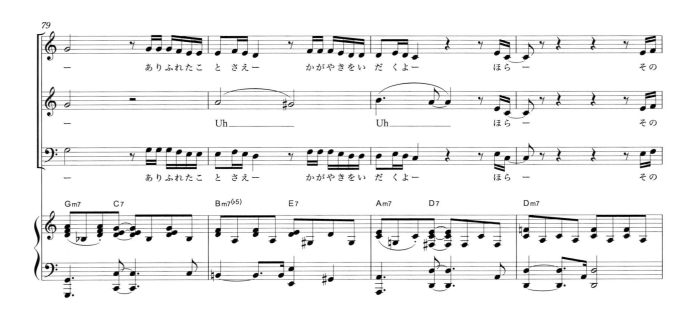

MEMO

ありがとう （いきものがかり）

作詞：水野良樹

"ありがとう"って伝えたくて　あなたを見つめるけど
繋がれた右手は　誰よりも優しく　ほら　この声を受け止めている

まぶしい朝に　苦笑いしてさ　あなたが窓を開ける
舞い込んだ未来が　始まりを教えて　またいつもの街へ出かけるよ
でこぼこなまま　積み上げてきた　ふたりの淡い日々は
こぼれたひかりを　大事にあつめて　いま輝いているんだ

"あなたの夢"がいつからか　"ふたりの夢"に変わっていた
今日だって　いつか　大切な　瞬間（おもいで）
あおぞらも　泣き空も　晴れわたるように

"ありがとう"って伝えたくて　あなたを見つめるけど
繋がれた右手が　まっすぐな想いを　不器用に伝えている
いつまでも　ただ　いつまでも　あなたと笑っていたいから
信じたこの道を　確かめていくように　今　ゆっくりと　歩いていこう

ケンカした日も　泣きあった日も　それぞれ彩（いろ）咲かせて
真っ白なこころに　描かれた未来を　まだ書き足していくんだ

誰かのために生きること　誰かの愛を受け入れること
そうやって　いまを　ちょっとずつ　重ねて
喜びも　悲しみも　分かち合えるように

思いあうことに幸せを　あなたと見つけていけたら
ありふれたことさえ　輝きをいだくよ　ほら　その声に　寄り添っていく

"あいしてる"って伝えたくて　あなたに伝えたくて
かけがえのない手を　あなたとのこれからを　わたしは　信じているから
"ありがとう"って言葉をいま　あなたに伝えるから
繋がれた右手は　誰よりも優しく　ほら　この声を受け止めている

MEMO

MEMO

エレヴァートミュージックエンターテイメントはウィンズスコアが
展開する「合唱楽譜・器楽系楽譜」を中心とした専門レーベルです。

ご注文について

エレヴァートミュージックエンターテイメントの商品は全国の楽器店、ならびに書店にてお求めになれますが、店頭でのご購入が困難な場合、下記PC&モバイルサイト・FAX・電話からのご注文で、直接ご購入が可能です。

◎PCサイト&モバイルサイトでのご注文方法
http://elevato-music.com
上記のアドレスへアクセスし、WEBショップにてご注文ください。

◎FAXでのご注文方法
FAX.03-6809-0594
24時間、ご注文を承ります。上記PCサイトよりFAXご注文用紙をダウンロードし、印刷、ご記入の上ご送信ください。

◎お電話でのご注文方法
TEL.0120-713-771
営業時間内に電話いただければ、電話にてご注文を承ります。

※この出版物の全部または一部を権利者に無断で複製(コピー)することは、著作権の侵害にあたり、
　著作権法により罰せられます。

※造本には十分注意しておりますが、万一、落丁・乱丁などの不良品がありましたらお取り替えいたします。
　また、ご意見・ご感想もホームページより受け付けておりますので、お気軽にお問い合わせください。